Vorwärts immer, rückwärts nimmer

Moritz Bauer
Jo Wickert

Vorwärts immer, rückwärts nimmer

4000 Tage BRD

nicolai

Wir danken der Firma Ilford, die uns 1991 mit Filmmaterial ausstattete;
Werner Klapper für die Unterstützung, insbesondere für die Six;
P. + U. Bauer für den Volvo und alles andere; Valentin für die Tipps.

Gestaltung: Jonas Maron, Berlin
Repro: Mega-Satz-Service, Berlin
Druck und Bindung: Polygraf Print, Presov (SK)

ISBN 3-89479-131-4

Vorwort

Die Idee, die diesem Buch zugrunde liegt, klingt verblüffend einfach: Zweimal hinschauen und vergleichen. Dass dieses Konzept aufgeht, belegt das Buch. Es ermöglicht spannende Einsichten in unsere jüngere Geschichte.

Unmittelbar nach dem Beitritt der DDR zur Bundesrepublik entschlossen sich Jo Wickert und Moritz Bauer, den Wandlungsprozess in den neuen Ländern fotografisch zu dokumentieren. Als sie 1991 zu ihrer ersten Zeitreise durch Ostdeutschland starteten, roch es allerorten nach Aufbruch und Umbau, nach schneller Einführung westlicher Standards auch im äußeren Erscheinungsbild der Städte. Blühende Landschaften wurden beschworen, Wunderheiler stellten sich ein, marktwirtschaftlicher Wildwuchs breitete sich aus. Ein wahres Fest für Chronisten. Wickert und Bauer fotografierten, was sie für ungewöhnlich hielten, was ihnen komisch vorkam, was aus ihrer Sicht quer zur neuen, westlichen geprägten Zeit stand. 1600 Bilder kamen bei dieser Tour zusammen – mithin der Grundstock eines zeithistorisch wertvollen Archivs und zugleich Ausgangspunkt für künftige Recherchen. 2003 gingen Wickert und Bauer ein zweites Mal auf Spurensuche. Sie kehrten zurück an die Orte ihrer ersten Fotoreise und nahmen sie erneut in den Sucher.

Die für diesen Bildband ausgewählten Fotografien lassen sich als Kurzreportagen aus dem Alltag in den neuen Ländern lesen. Sie helfen unserer Erinnerung auf die Sprünge, machen Geschichte anschaulich. Der zweite Blick auf das früher Gesehene zwingt aber auch zu nachdenklichem Innehalten. Die Fotos mit den schicken Fassaden von heute lassen nach den Menschen fragen, die hier früher ihren Alltag lebten. Wo sind sie jetzt? Was machen sie? Was ist ihre Geschichte?

Ich denke, jeder wird in den Fotografien etwas anderes entdecken – abhängig von seiner Sozialisation, von seinen Erfahrungen in der Zeit nach 1990, von seinen Mustern im Kopf. Das Buch sperrt sich jeder nur flüchtigen Wahrnehmung. Man muss sich Zeit nehmen und sich wirklich einlassen auf die Bilder und auf die in ihnen versteckten Details, um sie entschlüsseln und begreifen zu können. Dieser Bildband ist alles andere als ein melancholischer, nostalgischer Abgesang auf vergangene Zeiten. Er schärft vielmehr unseren historischen Blick und öffnet die Augen für das, was wir in unserer täglichen Hektik und Flüchtigkeit allzu schnell übersehen. Hier bleibt Geschichte lebendig.

Wolfgang Thierse
Präsident des Deutschen Bundestags

Einleitung

Nach der Vereinigung öffnete sich all jenen Westdeutschen, die von der DDR nur die Transitstrecken von und nach Berlin gesehen hatten, ein großes, unbekanntes Land. Mit der Entdeckung dieses Neulands war von Anfang an das Bewusstsein verbunden, dass man hier eine Welt besichtigte, die es in dieser Form bald nicht mehr geben würde. Das brachte die damaligen Studenten Moritz Bauer und Jo Wickert im Jahr 1991 auf die Idee, die DDR, die gerade zur »ehemaligen DDR« geworden war, zu bereisen und zu fotografieren, um fünf Jahre darauf die festgehaltenen Eindrücke zu überprüfen.

Im März 1991 startete die Expedition, im Gepäck eine Minolta, eine Canon AE 1, eine Pentax, eine Practica, eine Olympus und eine Pentacon Six (Mittelformat), diverse Objektive und Stative sowie ausreichend Filmmaterial. Die Reiseroute führte von Magdeburg über Stendal, Schwerin und Rostock nach Sassnitz und Binz, dann über Berlin und Frankfurt/Oder nach Dresden, Halle (einschließlich Schkopau) und Dessau (siehe die Karte auf Seite 200).

Fotografiert wurden nicht nur Gebäude, Sehenswürdigkeiten und Stadtplätze, sondern auch zahlreiche Details wie Straßenschilder, Schriftzüge, Schaufenster, Türklinken, Wände. Es waren Objekte, von denen die beiden jungen Fotografen meinten, dass sie bald verschwunden wären oder sich tiefgreifend verändern würden. Insofern sagt die Motivauswahl ebenso etwas über die Autoren aus wie über die damals noch ganz neuen Bundesländer.

Bei einem ersten Testlauf für eine weitere Inspektionsreise nach fünf Jahren stellte sich heraus, dass sich viel weniger verändert hatte als erwartet. Erst 2002 ergab eine erneute Stichprobe, dass es sich nun lohnen würde, den alten Motiven nachzuspüren. Im März 2003, also nach mittlerweile rund 4000 Tagen BRD in der ehemaligen DDR, erfolgte der Reise zweiter Teil. Konnten Moritz Bauer und Jo Wickert bei der ersten Tour die Motive beliebig aussuchen und kombinieren, galt es auf der zweiten Reise, die exakten Standorte wiederzufinden, was sich nicht immer als ganz einfach erwies, etwa wenn früher vorhandene Häuserfluchten nicht mehr existierten oder die markanten Punkte eines Bildes schlicht nicht mehr sichtbar waren. Möglich wurde die Serie von Doppelbildern schließlich nur dadurch, dass sich die Fotografen auf exakt geführte Listen der ersten Reise, Datenblätter und Datenbanken stützen konnten; hinzu kam eine mitunter viel Zeit raubende Detailrecherche bei der Bildbestimmung vor Ort.

Für die Überprüfbarkeit in Gegenwart und Zukunft wurden auch die Standortkoordinaten mit Hilfe des Global Positioning System (GPS) ermittelt, so dass jeder sich jederzeit selbst ein Bild davon machen kann, wie die entsprechenden Orte sich entwickeln (oder auch nicht), und einer erneuten Wiederholung der Reise nichts im Wege steht. Wie ein Netz legen sich diese GPS-Koordinaten über das untersuchte Gebiet, in dem Moritz Bauer und Jo Wickert höchst subjektive Stichproben genommen haben, die durch die Wiederholung einen objektiven und bleibenden Wert erhalten.

Das gilt nicht zuletzt deshalb, weil sie genau hingesehen haben und dadurch den Betrachter seinerseits zum genauen Hinsehen auffordern. Die Entwicklungen, die hier stattgefunden haben, sind manchmal subtil – wie etwa die Veränderung der Straßenbeleuchtung oder der Austausch der Telefonzellen –, mitunter aber auch spektakulär: wenn etwa in Magdeburg ein komplettes Bahngelände verschwindet, die Fassade der Frauenkirche hinter dem Dresdener Luther-Denkmal emporwächst oder eine reich verzierte Friedhofsmauer in Halle kunst- und liebevoll verlängert wird. Nicht weniger eindrucksvoll sind die Bilder, die das Ausbleiben von Veränderungen zeigen, wie im Fall eines auch nach zwölf Jahren noch nicht entfernten DSU-Wahlplakats oder so mancher Fassade, bei der man sich fragt, welches von beiden Bildern das ältere ist.

Die Bilderserie von Moritz Bauer und Jo Wickert dokumentiert Veränderung, auch das Vergehen von Zeit in unterschiedlichen Geschwindigkeiten. Darüber hinaus ist die Bilderserie eine Studie über die Umgebung, die unseren Alltag bestimmt, ohne dass wir sie bewusst wahrnehmen. Insofern schärft sie unseren Blick. Die Interpretation dessen, was gezeigt wird, bleibt jedem selbst überlassen. Und so manche Geschichte erschließt sich erst, wenn man die Bildpaare lange betrachtet.

Die Website zum Projekt: www.vorwaerts-rueckwaerts.de

1991 Magdeburg Planckstraße 52° 06' 59'' N 11° 37' 54'' O

2003

1991 Magdeburg Schönebecker Straße (früher Straße der DSF) 52° 06' 38'' N 11° 38' 05'' O

Nie wieder
blind wie ein Maulwurf!
Vergessen Sie Ihre Fehlsichtigkeit – bis zu 30 Tage & Nächte! Kontaktlinsentragen rund um die Uhr.
In den Augen, aus dem Sinn. Focus Night & Day Kontaktlinsen.

2003

Magdeburg
Martinstraße
52° 06' 15'' N
11° 38' 23'' O

1991

2003

1991 Magdeburg Martinstraße 52° 06' 16'' N 11° 37' 51'' O

2003

1991 Magdeburg Bahnhofstraße 52° 07' 48'' N 11° 37' 43'' O

CITY CARRE
Bahnhofstraße
Bahnhofstraße
Tourist
Information
720m
real
TAXI
Wahl der Miss
Sachsen-Anhalt-Nord
12. 4. 2003
7. - 19. April
Ostermarkt

2003

Magdeburg
Bahnhofstraße
52° 07′ 48″ N
11° 37′ 43″ O

1991

HAUPTBAHNHOF
DB
Elberadweg
Bahnhofstraße
Bahnhofstraße

2003

1991 Magdeburg Hauptbahnhof 52° 07' 49'' N 11° 37' 38'' O

2003

1991 Magdeburg Hauptbahnhof 52° 07' 51'' N 11° 37' 41'' O

2003

1991 Magdeburg Hauptbahnhof 52° 07' 50'' N 11° 37' 34'' O

2003

1991 Magdeburg Hauptbahnhof 52° 07' 49'' N 11° 37' 38'' O

2003

1991 Magdeburg Otto-von-Guericke-Straße 52° 07' 46'' N 11° 37' 50'' O

2003

1991 Magdeburg Hasselbachplatz 52° 07' 13'' N 11° 37' 41'' O

2003

1991 Magdeburg Hasselbachplatz 52° 07' 13'' N 11° 37' 41'' O

2003

1991 Magdeburg Hasselbachplatz 52° 07' 13'' N 11° 37' 41'' O

2003

1991 Magdeburg Hasselbachplatz 52° 07' 13'' N 11° 37' 41'' O

2003

1991 Schönebeck Magdeburger Straße 52° 00' 36'' N 11° 42' 54'' O

2003

1991 Magdeburg Planckstraße 52° 06' 59'' N 11° 37' 51'' O

2003

Nächste Seite: Schönebeck Magdeburger Straße 52° 00' 39'' N 11° 42' 51'' O

Gartensparte im VKSK
EINIGKEIT
gegr. 1923
VKSK

Gegr 1923
Gartensparte
Einigkeit I e.V.

1991 Magdeburg Hammersteinweg 52° 07' 00'' N 11° 37' 56'' O

2003

1991 Magdeburg Hammersteinweg 52° 07' 01'' N 11° 38' 01'' O

2003

1991 Stendal Südwestwall (B189) 52° 35' 57'' N 11° 51' 52'' O

2003

Stendal
Nachtigalplatz
(früher Leninplatz)
52° 35' 56'' N
11° 51' 54'' O

1991

2003

Stendal
Südwestwall (B189)
52° 35' 58'' N
11° 51' 52'' O

1991

2003

1991 Stendal Fabrikstraße 52° 35' 58'' N 11° 51' 55'' O

2003

1991 Schwerin Alter Garten 53° 37' 32'' N 11° 25' 00'' O

2003

Nächste Seite: Schwerin Werderstraße 53° 37' 38'' N 11° 25' 14'' O

simson
electronic
S 51
simson

1991 Schwerin Am Dom 53° 37' 46'' N 11° 24' 55'' O

2003

Nächste Seite: Schwerin Schmiedestraße 53° 37' 44'' N 11° 24' 51'' O

kosme

Arnim Töpel live
The original
THE BLUES BAND
The british Blueslegend on Stage
STONE
ROLLING STONES-PUR!
DER SPEICHER
judy...

1991 Schwerin Großer Moor 53° 37' 41'' N 11° 25' 03'' O

2003

1991 Rostock Konrad-Adenauer-Platz (früher namenlos) 54° 04' 45'' N 12° 07' 55'' O

2003

Nächste Seite: Sassnitz Hafenkai 54° 30' 47'' N 13° 38' 57'' O

M.J. KALININ
SASSNITZ
WC

1991 Sassnitz Hafenkai 54° 30' 49'' N 13° 39' 01'' O

2003

1991 Sassnitz Hafenkai 54° 30' 50'' N 13° 39' 03'' O

2003

1991 Sassnitz Strandpromenade 54° 30' 58'' N 13° 39' 08'' O

2003

1991 Sassnitz Hauptstraße 54° 31' 06'' N 13° 38' 54'' O

2003

1991 Sassnitz Stralsunder Straße 54° 30' 49'' N 13° 38' 14'' O

2003

1991 Binz Strandpromenade 54° 24' 08'' N 13° 36' 51'' O

2003

1991 Rambin B96 54° 21' 18'' N 13° 12' 40'' O

2003

1991 Rambin B96 54° 21' 18'' N 13° 2' 42'' O

2003

Nächste Seite: Papenhagen B194 54° 09' 56'' N 13° 01' 41'' O

1991 Loitz Goethestraße (B194) 53° 58' 42'' N 13° 08' 44'' O

2003

1991 Walkendorf Hauptstraße (L232) 53° 57' 15'' N 12° 33' 09'' O

2003

1991 Berlin Pariser Platz 52° 30' 58'' N 13° 22' 36'' O

2003

Berlin
Straße des 17. Juni
52° 30' 58'' N
13° 22' 30'' O

1991

2003

1991 Berlin Schlossplatz (früher Marx-Engels-Platz) 52° 31' 01'' N 13° 24' 01'' O

2003

1991 Berlin Am Lustgarten 52° 31' 07'' N 13° 24' 00'' O

2003

1991 Berlin Spandauer Straße 52° 31' 06'' N 13° 24' 16'' O

2003

1991 Berlin A115 52° 24' 37'' N 13° 11' 46'' O

2003

1991 Berlin A115 52° 24' 26'' N 13° 11' 32'' O

2003

1991 Frankfurt / Oder Heilbronner Straße (früher Wilhelm-Pieck-Straße) 52° 20' 30'' N 14° 32' 56'' O

2003

Nächste Seite: Frankfurt / Oder Karl-Marx-Straße 52° 20' 32'' N 14° 33' 06'' O

1991 Frankfurt / Oder Platz der Republik 52° 20' 31'' N 14° 32' 52'' O

2003

1991 Frankfurt / Oder Platz der Republik 52° 20' 31'' N 14° 32' 52'' O

2003

1991 Frankfurt / Oder Platz der Republik 52° 20' 33'' N 14° 33' 01'' O

2003

1991 Frankfurt/Oder Karl-Marx-Straße 52° 20' 36'' N 14° 33' 03'' O

2003

1991 Frankfurt / Oder Karl-Marx-Straße 52° 20' 41'' N 14° 33' 02'' O

2003

Nächste Seite: Frankfurt / Oder Platz der Republik 52° 20' 31'' N 14° 32' 52'' O

LICHTSPIELTHEATER DER JUGEND
RIOT PAPPA
ANTE PORT
KEVIN-AL
Filmclub
CAFE BAR

LICHTSPIELTHEATER DER JUGEND
zu mieten
030-
97101720
www.zuw.de

1991 Frankfurt / Oder Heilbronner Straße (früher Wilhelm-Pieck-Straße) 52° 20' 30'' N 14° 32' 53'' O

2003

Nächste Seite: Frankfurt / Oder Schulstraße 52° 20' 54'' N 14° 33' 06'' O

1991 Frankfurt / Oder Karl-Marx-Straße 52° 20' 41'' N 14° 33' 02'' O

2003

Nächste Seite: Frankfurt / Oder Karl-Marx-Straße 52° 20' 39'' N 14° 33' 03'' O

30

1991 Dresden Neumarkt 51° 03' 05'' N 13° 44' 27'' O

2003

Nächste Seite: Dresden Schlossstraße 51° 03' 05'' N 13° 44' 14'' O

1991 Dresden Brühlscher Garten 51° 03' 11'' N 13° 44' 35'' O

2003

1991 Dresden Hochschule der Künste 51° 03' 11'' N 13° 44' 32'' O

2003

1991 Dresden Ostraallee 51° 03' 10'' N 13° 43' 55'' O

2003

1991 Dresden Wilsdruffer Straße (früher Ernst-Thälmann-Straße) 51° 03' 00'' N 13° 44' 24'' O

2003

1991 Dresden Altmarkt 51° 02' 56'' N 13° 44' 12'' O

2003

1991 Dresden Wallstraße 51° 02' 53'' N 13° 44' 04'' O

2003

Nächste Seite: Dresden Grüne Straße 51° 03' 12'' N 13° 43' 35'' O

1991 Dresden Ostraallee 51° 03' 18'' N 13° 43' 49'' O

2003

Nächste Seite: Dresden Grüne Straße 51° 03' 13'' N 13° 43' 36'' O

MAGAZIN
16

1991 Dresden An der Dreikönigskirche 51° 03' 40'' N 13° 44' 32'' O

2003

Dresden Grüne Straße 51° 03' 13'' N 13° 43' 36'' O

SSS SIEDLE

Dresden
Weisseritzstraße
51° 03' 33'' N
13° 43' 37'' O

1991

2003

1991 Dresden Devrientstraße 51° 03' 25'' N 13° 43' 54'' O

2003

Nächste Seite: Halle Schmerstraße 51° 28' 53'' N 11° 58' 12'' O

6 Beesen
634

1991 Halle Ludwig-Wucherer-Straße 51° 29' 24'' N 11° 58' 40'' O

2003

Nächste Seite: Halle Schmerstraße 51° 28' 53'' N 11° 58' 12'' O

ANTIQUITÄTEN
PENSION
AM ALTEN MARKT
No3
3
KK-Mode

1991 Halle Gottesackerstraße 51° 28' 58'' N 11° 58' 37'' O

2003

1991 Halle Große Steinstraße 51° 29' 10'' N 11° 58' 29'' O

2003 Nächste Seite: Halle Hansering 51° 29' 00'' N 11° 58' 28'' O

1991 Halle Am Steintor (früher Marx-Engels-Platz) 51° 29' 21'' N 11° 58' 43'' O

2003

1991 Halle Straße der Opfer des Faschismus 51° 29' 00'' N 11° 58' 30'' O

2003

1991 Dessau Johannisstraße 51° 50' 16'' N 12° 14' 32'' O

2003

1991 **Dessau Johannisstraße** 51° 50' 14'' N 12° 14' 32'' O

2003

1991 Schkopau B91 51° 23' 41'' N 11° 58' 28'' O

2003

1991 Dessau A9 51° 51' 40'' N 12° 21' 17'' O

2003

1991 Dessau Schlossplatz (früher Clara-Zetkin-Platz) 51° 49' 55'' N 12° 14' 54'' O

2003

1991 Dessau Franzstraße 51° 49' 48'' N 12° 14' 33'' O

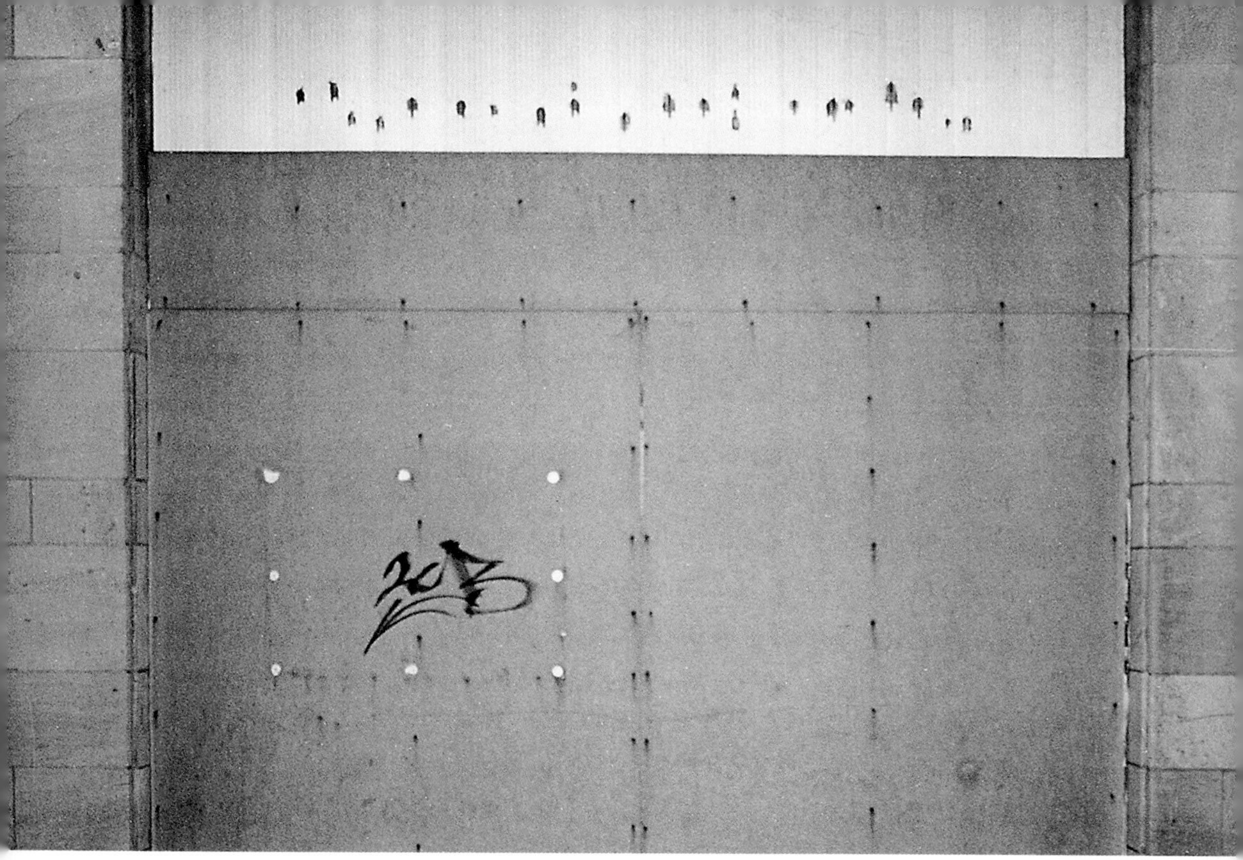

2003

Dessau
Bauhausplatz
51° 50' 21'' N
12° 13' 35'' O

1991

2003

1991 Dessau Gropiusallee 51° 50' 19'' N 12° 13' 38'' O

2003

1991 Dessau Oranienbaumer Chaussee (B185) 51° 49' 17'' N 12° 18' 22'' O

2003

Nächste Seite: Dessau Bauhausmuseum 51° 50' 21'' N 12° 13' 38'' O

Jo Wickert, geboren 1968 in Basel, verbrachte seine Kindheit in Reutlingen und Bonn. Auf der Rheininsel Nonnenwert bei Rolandseck machte er Abitur und anschließend Zivildienst.
1989 nahm er ein Studium in Saarbrücken an der dort neu eingerichteten Hochschule der bildenden Künste Saar auf. Nach Abschluss des Studiums war er zunächst eineinhalb Jahre als Designer in Saarbrücken tätig, dann zog es ihn nach München zu Medialab, wo er unter anderem für das Kultlabel W&LT in Belgien Internetauftritte und CD-ROMs entwickelte. Die nächste Station war Pixelpark in Berlin, dort leitete er als Creative Director jahrelang ein Designteam. Zu den wichtigsten Projekten zählen die Gestaltung der CD-ROM für Steven Spielbergs Shoah Foundation sowie zahlreiche internationale Online-Auftritte für Marken wie adidas oder Mexx.
Seit 2002 lebt Jo Wickert mit seiner Familie in Meersburg und lehrt als Professor an der FH Konstanz das Fach Interface Design am Studiengang Kommunikationsdesign. Neben seiner Lehrtätigkeit berät er deutschlandweit Agenturen und Unternehmen.

Moritz Bauer, geboren 1968 in Bonn, wuchs in Köln auf. Der Sohn eines Journalisten besuchte ab 1982 für zwei Jahre die Deutsche Schule in Moskau, danach ein Jahr eine amerikanische Schule in Lincoln (Kalifornien) und anschließend zwei Jahre ein Internat in Bad Godesberg.
Nach dem Abitur in Godesberg 1988 und dem Wehrdienst in Köln studierte er an der Friedrich-Wilhelms-Universität in Bonn Geographie. Ein Jahresstipendium für die University of Wisconsin, Eau Claire (1993/94) war der Einstieg in die Welt der computergestützten Geo-Informationssysteme (GIS). Nach seinem Abschluss als Diplom-Geograph 1996 arbeitete Moritz Bauer bei der Sächsischen Akademie der Wissenschaften in Dresden an einem räumlichen Informationssystem für die Naturraumgliederung von Sachsen. 1998 wechselte er zu einer internationalen Beratungsgesellschaft für Standortanalysen und Vertriebsnetzoptimierung in Frankfurt.
Er lebt seit 1999 in Mainz und beschäftigt sich unter anderem mit der Entwicklung einer neuen Methode zur Erfassung von räumlichen Veränderungen über die Zeit.

Sassnitz
Binz
Rambin
Rostock
Papenhagen
Walkendorf
Loitz
Schwerin
Stendal
Berlin
Frankfurt/Oder
Magdeburg
Schönebeck
Dessau
Halle (Saale)
Schkopau
Dresden